This book

belongs to

English - Turkish

candy

şeker

fifteen

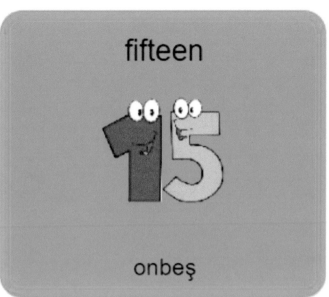

onbeş

barber

berber

panda

panda

shovel

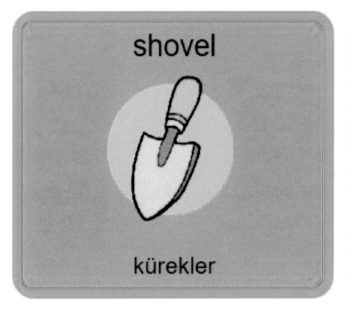

kürekler

eagle

kartal

peanut

fıstık

goat

keçi

oyster

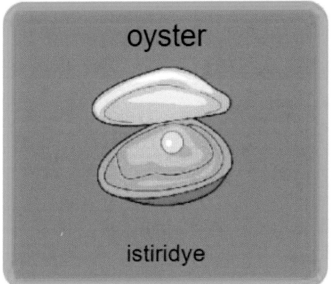

istiridye

carrot

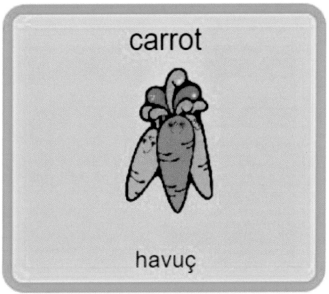

havuç

children

çocuklar

juice

meyve suyu

nine

dokuz

octopus
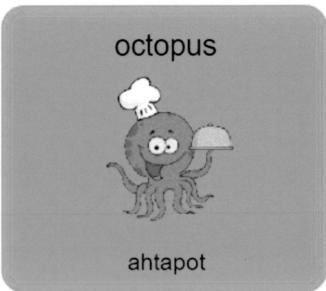
ahtapot

ice cream

dondurma

umbrella
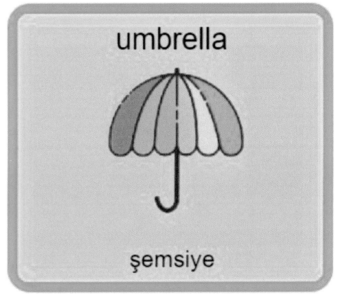
şemsiye

meat
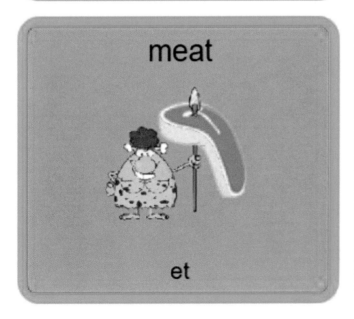
et

oven

fırın

horse

at

eleven

on bir

kitchen

mutfak

mermaid

deniz kızı

doll

bebek

anchor

çapa

teacher

öğretmen

lemon

limon

walrus

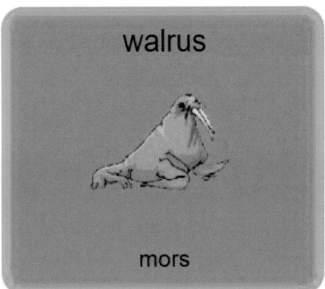

mors

barrow

el arabası

yogurt

yoğurt

plum

erik

hippopotamus

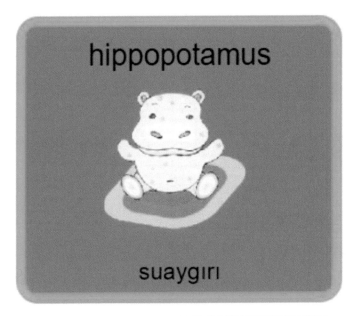

suaygırı

bear

ayı

acorn

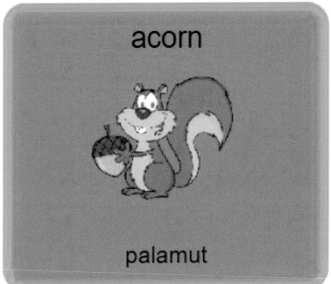

palamut

thirteen

on üç

two

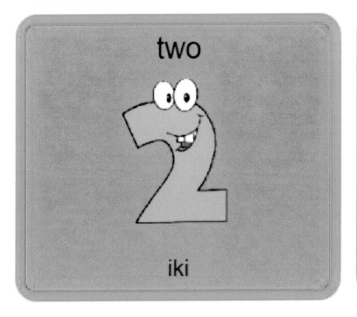

iki

tea

çay

collar

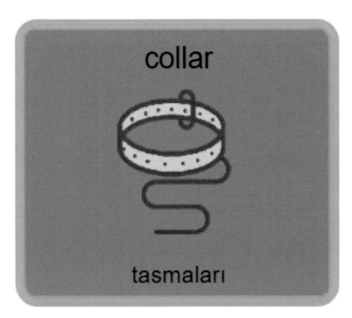

tasmaları

koala

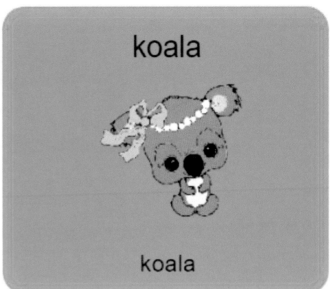

koala

chef

şef

rat

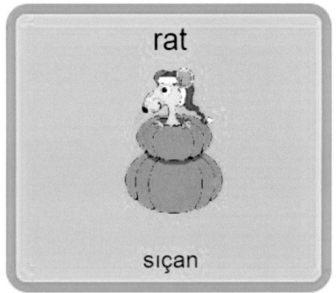

sıçan

brown

kahverengi

maid

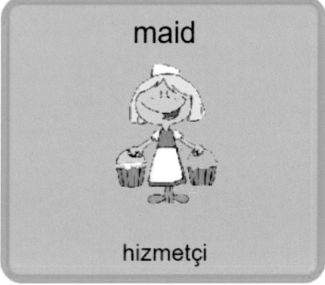

hizmetçi

cookie

kurabiye

turnip

şalgam

frog

kurbağa

one hundred

yüz

sausage

sosis

boat

tekne

noodles

erişte

arm

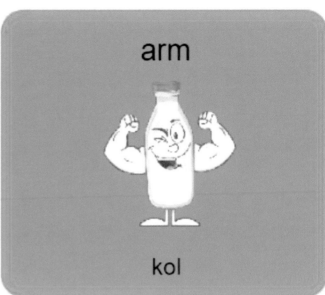

kol

whale

balina

three

üç

salad

salata

pig

domuz

ostrich

devekuşu

bookshelf

kitaplık

yak

yak

body

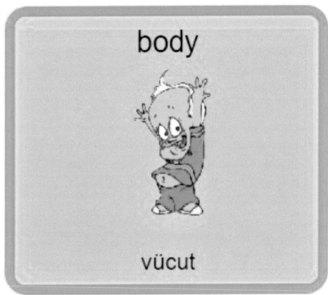

vücut

fifty

elli

seven

yedi

ears

kulaklar

airplane

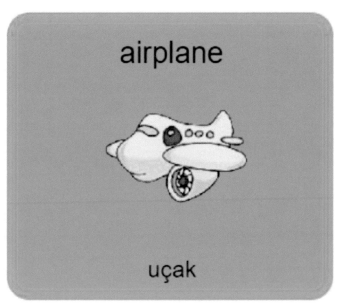

uçak

window

pencere

vegetable

sebzeler

skunk

kokarca

bug

böcek

egg

yumurtalar

backpack

sırt çantası

cop

polis

fish

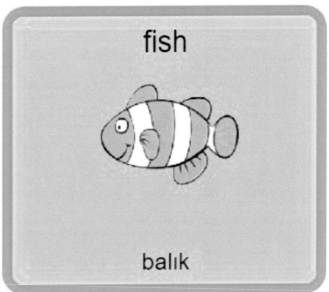

balık

parrot

papağan

reindeer

ren geyiği

chicken

tavuk

shoes

ayakkabı

one

bir

seventeen

on yedi

kangaroo

kanguru

girl

kız

animals

hayvanlar

eyes

göz

grapefruit

greyfurt

worm

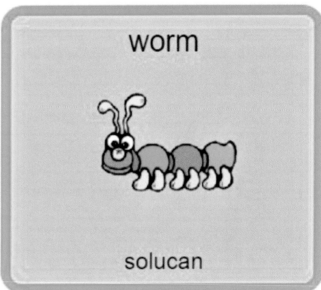

solucan

boy

oğlan

flower

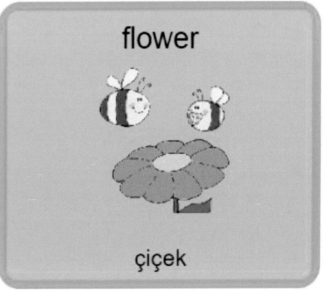

çiçek

bell

çan

pan
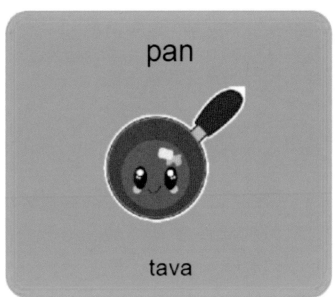
tava

ketchup

ketçap

orange
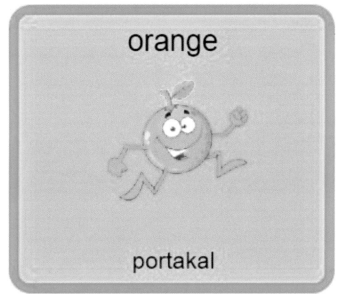
portakal

grape

üzüm

bird

kuş

penguin

penguen

bee

bal arısı

donut

çörek

seeds

tohumlar

zipper

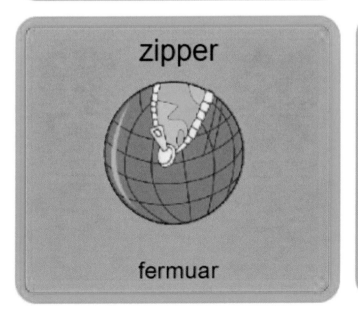

fermuar

turtle

kaplumbağa

milk

süt

cheetah

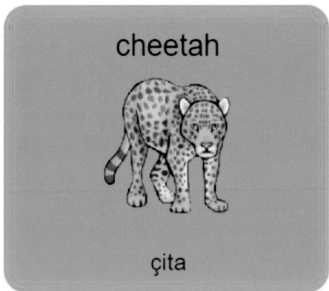

çita

tree

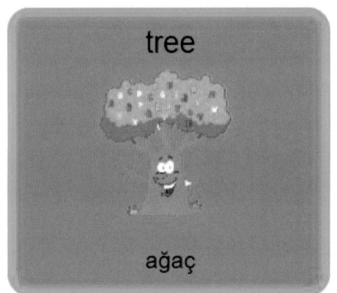

ağaç

sixteen

on altı

chin

çin

onion

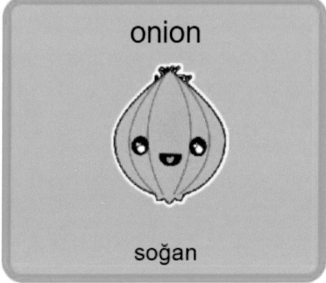

soğan

tooth

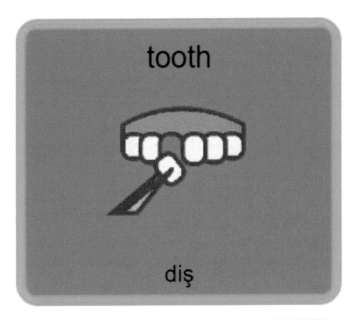

diş

volcano

volkan

violin

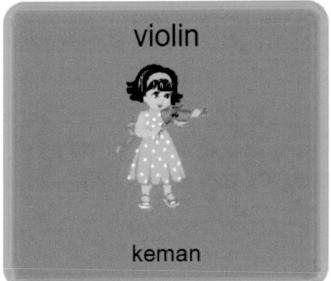

keman

pigeon

güvercin

angel

melek

jam

reçel

potato

patates

gray

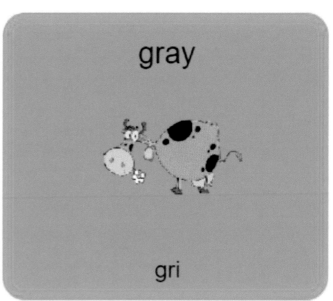

gri

dolphin

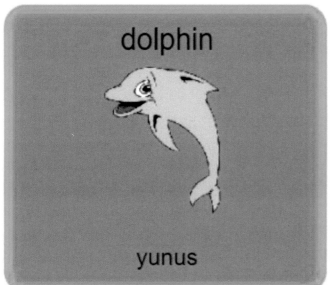

yunus

knife

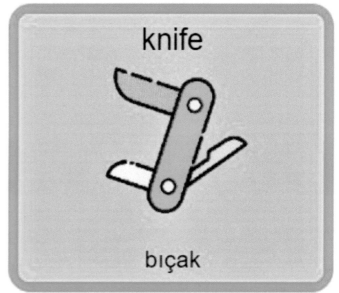

bıçak

steak

biftek

farmer

çiftçi

rooster

horoz

yarn

iplik

duck

ördek

puppy

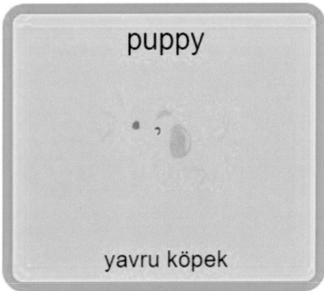

yavru köpek

sandwich

sandviçler

snail

salyangoz

bottle

şişe

soup

çorba

four
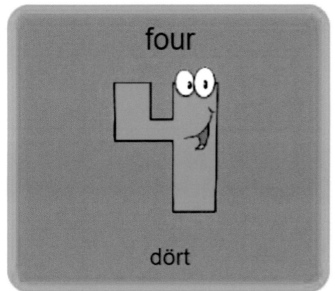
dört

jeep

cip

rabbit

tavşan

towel
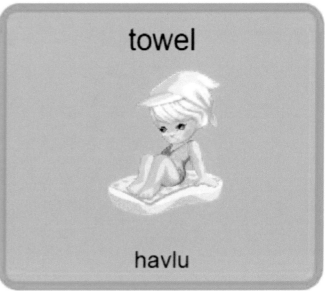
havlu

peas

bezelye

photographer

fotoğrafçı

turkey

türkiye

blue

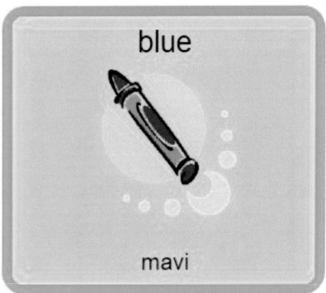

mavi

nineteen

on dokuz

kiwi

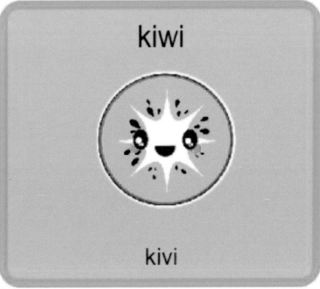

kivi

neck

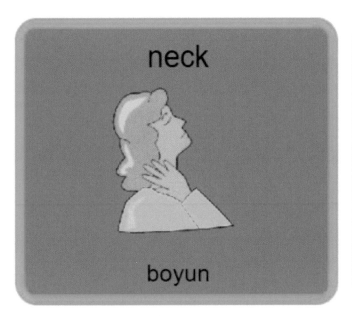

boyun

water

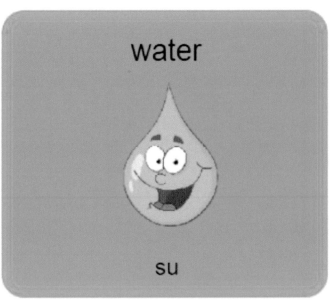

su

raspberry

ahududu

eggplant

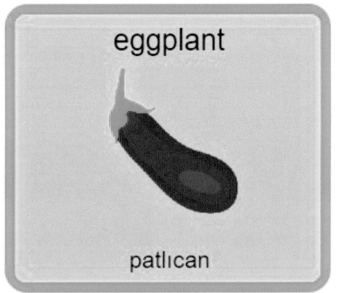

patlıcan

cat

kedi

toy

oyuncak

shoulder

omuz

book

kitap

train

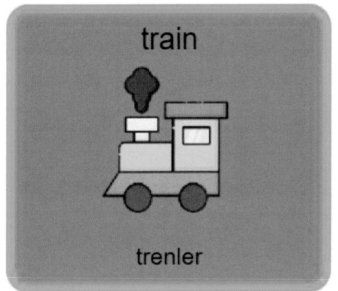

trenler

pink

pembe

muscle

kas

bicycle

bisiklet

cab
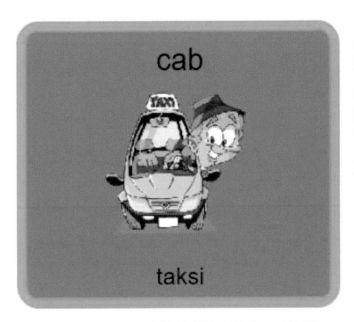
taksi

sheep

koyun

ball
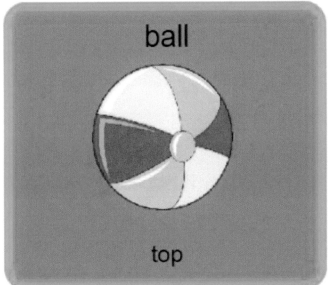
top

bean

fasulye

hip

kalça

vulture

akbaba

spider

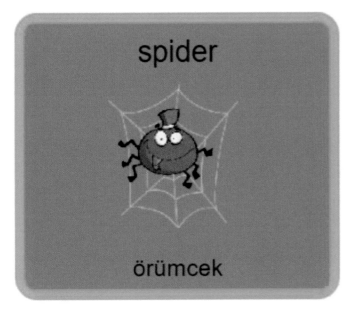

örümcek

squirrel

sincap

zebra

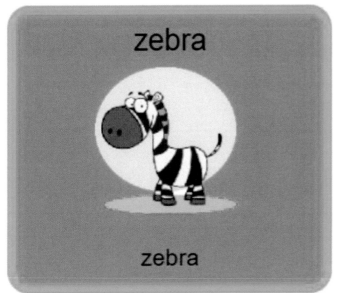

zebra

wood

ahşap

toad

karakurbağası

thumb

başparmak

car

araba

butcher

kasap

manager

müdür

chili

acı biber

finger

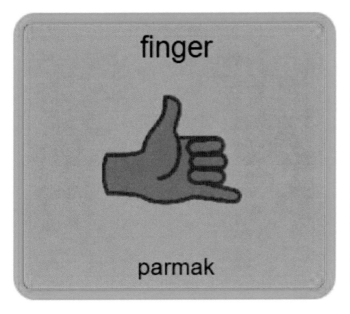

parmak

insect

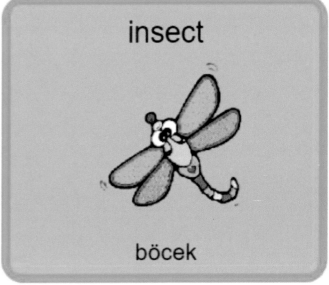

böcek

nest

yuva

bag
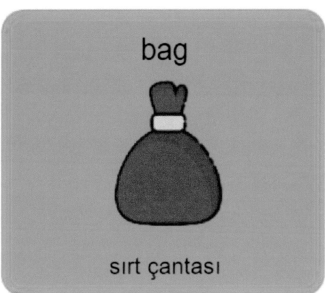
sırt çantası

bread

ekmek

door

kapı

jug

sürahi

wheat

buğday

leader

liderler

man

adam

chocolate

çikolata

flag

bayrak

pelican

pelikan

king

kral

mouse

fareler

lizard

kertenkele

ham

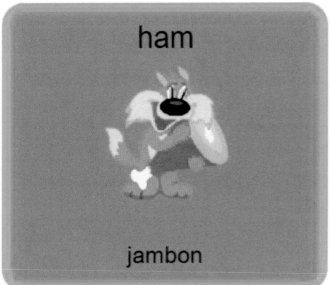

jambon

snake

yılan

truck

kamyonlar

musician

müzisyen

elephant

fil

chair

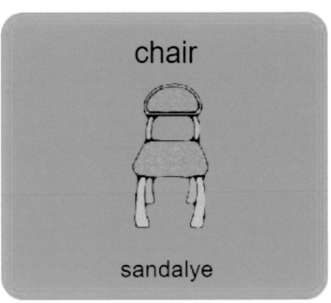

sandalye

bike

bisiklet

ice

buz

rocket

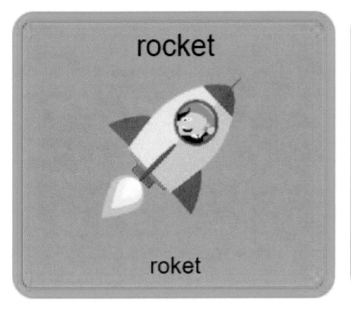

roket

boar

domuz

magician

büyücü

brother

kardeş

hammer

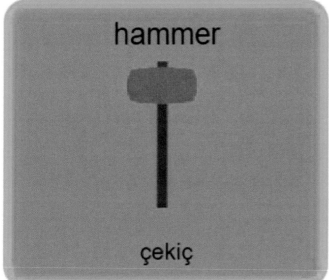

çekiç

deer

geyik

pot

tencere

wreath

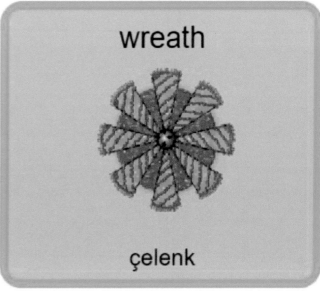

çelenk

yellow

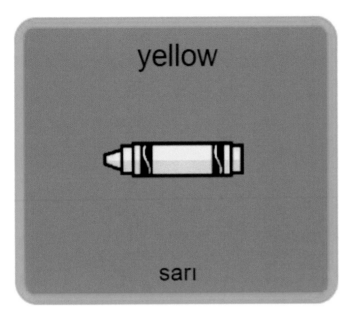

sarı

twelve

on iki

iguana

iguana

paintbrush

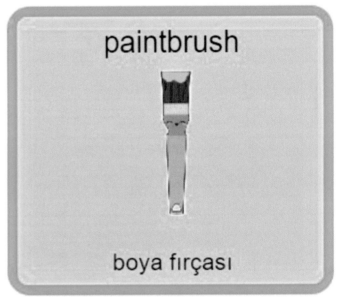

boya fırçası

cheese

peynir

dad

baba

knight

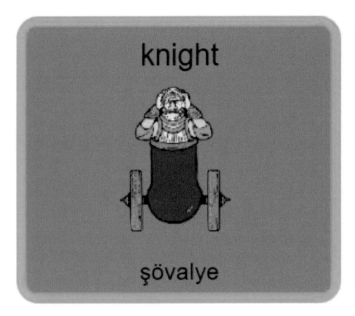

şövalye

kitten

kedi yavrusu

fox

tilki

lion

aslan

bus

otobüs

black

siyah

fire

ateş

mushroom

mantar

toddler

bebekler

pirate

korsan

corn

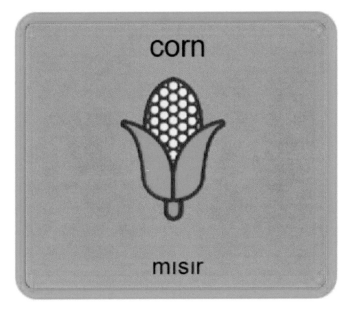

mısır

avocado

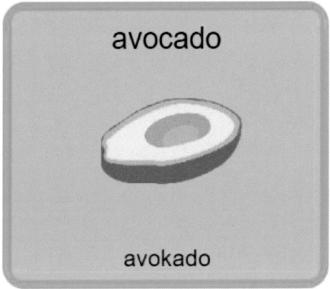

avokado

house

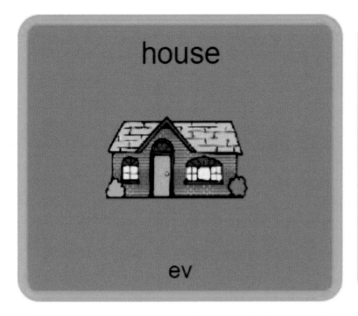

ev

paper

kâğıt

white

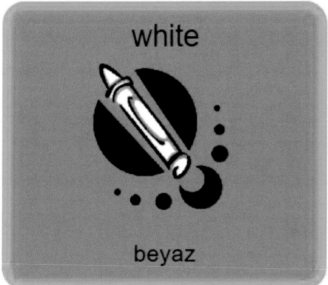

beyaz

face

yüzleri

nut

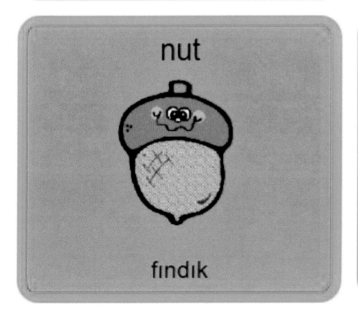

fındık

mare

kısrak

comb

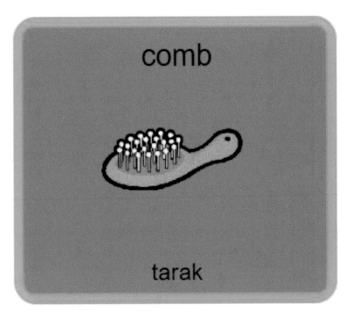

tarak

cake

kek

camera

kamera

hill

tepe

father

baba

day

gün

eighteen

onsekiz

mother

anne

nurse

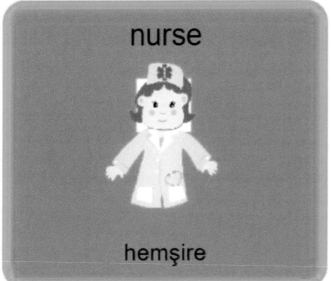

hemşire

pizza

pizza

honey

bal

pudding

puding

cucumber

salatalık

beard

sakal

politician

politikacı

dog

köpek

queen

kraliçe

artist

sanatçı

him

onu

cherry

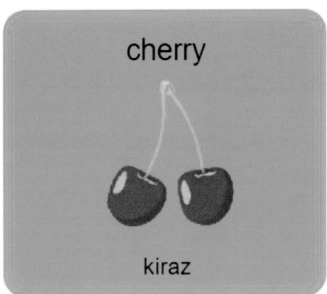

kiraz

chick

civcivler

mirror

ayna

gorilla

goril

picture

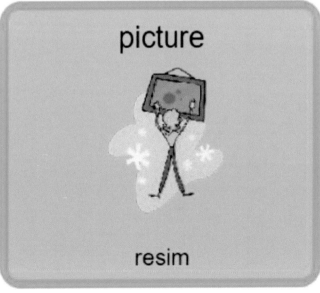

resim

14405272R10024